AF284464

Mental Health für Einsteiger

*Wie Sie Schritt für Schritt
Stressfaktoren erkennen und mentale
Gesundheit & Stärke erlangen*

Sonja Nassauer

Alle Ratschläge in diesem Buch wurden sorgfältig erwogen und geprüft. Eine Garantie kann dennoch nicht übernommen werden. Eine Haftung des Autors beziehungsweise des Verlags für jegliche Personen-, Sach- und Vermögensschäden ist daher ausgeschlossen.

Alle Rechte, insbesondere das Recht der Vervielfältigung und Verbreitung der Übersetzung, vorbehalten. Kein Teil des Werkes darf in irgendeiner Form (durch Fotokopie, Mikrofilm oder ein anderes Verfahren) ohne schriftliche Genehmigung des Verlages reproduziert oder unter Verwendung elektronischer Systeme gespeichert, verarbeitet, vervielfältigt oder verbreitet werden.

INHALT

Was Sie in diesem Buch erwartet

Mentale Gesundheit und mentale Stärke sind Themen, die einen hohen Stellenwert in unserer leistungsorientierten Gesellschaft erlangt haben.

In diesem Ratgeber wird zunächst definiert, was diese beiden Begriffe überhaupt für eine Bedeutung haben, um Ihnen eine erste Orientierung zu geben. Anschließend werden Probleme unserer heutigen Zeit aufgeführt, denn diese unterscheiden sich tatsächlich zu denen noch vor 50 Jahren. Hierbei können Sie sich selbst während des Lesens abfragen, ob Ihnen die aufgeführten Probleme bekannt vorkommen, sodass Sie schon mal in Erfahrung bringen können, wo Sie ansetzen sollten, um mentale Stärke und mentale Gesundheit erlangen zu können. Es werden Ihnen außerdem Anzeichen genannt, wie Sie erkennen können, dass Sie momentan unter einer stressigen Periode leiden, denn oftmals ist es uns Menschen gar nicht bewusst, dass wir angespannt sind.

Sie kennen sicher das Gefühl, dass Sie erst merken, wie verkrampft Sie an einer Stelle Ihres Körpers waren, wenn Sie diese gelockert haben – so verhält es sich auch mit Stress. Im zweiten Teil des Ratgebers wird Ihnen erläutert, mit welchen Tipps und Tricks Sie sich endlich in eine Zukunft bewegen können, in der Sie Zufriedenheit und Lebenslust empfinden und gleichzeitig vollkommenes Vertrauen in sich und das Leben haben. Sie werden lernen, wie Sie für sich selbst zu sorgen haben und wie Sie mit negativen Emotionen umgehen sollten. Dieser Ratgeber wird Ihnen neue Möglichkeiten bieten, um mentale Gesundheit zu erlangen oder sie zu stärken!

Was bedeutet „mentale Gesundheit?"

Mentale Gesundheit ist in der Gesellschaft wichtiger geworden als je zuvor. In unserer schnelllebigen Zeit, in der für unsere körperlichen Grundbedürfnisse (Atmung, Wärme, Trinken, Essen, Schlaf) allgemein gesorgt ist, so, wie es vor Jahrzehnten noch nicht der Fall war, sind jetzt andere – psychische – Bedürfnisse wichtig geworden.

Wir wollen gesellschaftlich akzeptiert sein, wir wollen ein erfülltes Leben haben, Erfolg und Liebe verspüren und viel erreichen, damit wir und andere stolz auf uns sein können. Nicht nur das, oft wollen wir auch beneidet werden. Wir übernehmen uns bei unseren Zielen und werden unglücklich. Unter mentaler Gesundheit wird ein allgemeines Wohlbefinden verstanden, es schließt eine seelische Zufriedenheit ein, entfernt von jeglichen psychischen Krankheiten.

Was ist mentale Stärke?

Merken Sie, dass es Ihnen in letzter Zeit oft nicht gut geht, dass Sie sich viel zu schnell Sorgen über Nichtigkeiten machen und Sie keine Lust haben, etwas zu erleben, sich vielleicht immer öfter zu Hause verkriechen? Denken Sie viel öfter negativ als positiv und sehen Sie in den meisten Dingen eher eine Belastung als eine Herausforderung, die Sie stärker machen könnte? Verlieren Sie vielleicht sogar die Lust an Hobbys, die Sie früher gern getan haben? Haben Sie eventuell das Gefühl, der Stress wächst

Ihnen über den Kopf und zweifeln Sie immer öfter daran, wie Sie das alles schaffen sollen?

Vielleicht fragen Sie sich, wie andere Menschen es machen, die es scheinbar so viel leichter haben im Leben als Sie.

Fälschlicherweise wird mentale Stärke oft mit Menschen verwechselt, die keine Probleme haben oder in nichts ein Problem sehen, da ihnen alles egal ist. Oft wird diese Eigenschaft mit Menschen assoziiert, die alles können, niemals scheitern, immer gut drauf sind und Erfolg haben – sowohl im Privatleben als auch im Beruflichen.

Dass dies meist nur die Fassade eines nicht so erfolgreichen, glücklichen Menschen darstellt und mentale Stärke sich anders äußert, ist vielen nicht bewusst.

Denn mental stark sind die Menschen, die fallen können, danach aber immer wieder aufstehen und weitermachen, die Probleme haben, diese erkennen und an ihnen arbeiten, ohne bereits von Anfang an mit der Einstellung heranzugehen, dass diese Probleme unlösbar sind.

Diejenigen, die emotional stark sind, lassen sich nicht von jeder Enttäuschung, jedem Liebeskummer, jeder Auseinandersetzung im Leben aus der Bahn werfen und liegen erst mal wochenlang am Boden. Sie sehen in jedem Negativem auch etwas Positives und können, selbst wenn alles schiefgeht, noch über Kleinigkeiten lachen und sich auf den nächsten Tag freuen, den sie neu gestalten können.

Sie besitzen eine gute Menschenkenntnis und fühlen instinktiv, wer zu ihnen passt und wer nicht. Ihr Kreis an Freunden ist klein, dafür mit Bedacht gewählt.

Menschen, die über mentale Gesundheit verfügen, können mit Stress besser umgehen, wissen, wie sie sich entspannen können, was ihnen hilft, um wieder herunterzukommen, und wenden diese Tätigkeiten gezielt an, auch wenn dies bedeutet, morgens um sechs vor der Arbeit noch laufen zu gehen. Sie können auch in stressigen Situationen den Überblick behalten und richtige Entscheidungen treffen, da sie trotzdem einen kühlen Kopf bewahren und sich nicht von schwierigen Situationen überfordern lassen.

Mentale Stärke bedeutet also nicht, niemals zu fallen, nie unglücklich zu sein und in Zweifeln zu versinken; es bedeutet viel mehr, aus diesen Situationen geschickt wieder herauszukommen und zu wissen, was einem guttut.

Probleme der heutigen Zeit

Nun fragen Sie sich vermutlich, wie Sie diese mentale Stärke erlangen können. Vielleicht denken Sie sich, dass Sie doch schon immer so waren. Sie waren schon immer ein eher negativer Mensch. Es liegt vielleicht an den Genen, eventuell haben Sie diese negative Einstellung, dieses Katastrophisieren, von Ihren Eltern geerbt oder auch nur so lange vorgelebt bekommen, bis Sie es selbst übernommen haben. Vielleicht war Ihre Kindheit aber auch nicht schön, Sie haben vieles erlebt, was ein Kind nicht erleben sollte, und so sind Sie nun gefangen in den Gedanken, dass Sie sich nicht mehr davon lösen können, der Meinung zu sein, diese Welt würde nur Schlechtes für Sie bereithalten.

Dies stimmt so aber nicht. Wenn wir alle mit unseren Kindheitstraumen und negativen Denkmustern leben müssten, bis der Tod uns von dieser Welt nimmt, so gäbe es keine Psychotherapien, die nachweislich erfolgreich sind und unzähligen Menschen dabei helfen, ein besseres Leben zu erlangen. Auf diese Psychotherapien wird im Verlauf des Buches noch eingegangen werden, jedoch gibt es einige Tipps, die Sie befolgen können, um mental gesund zu werden und zu bleiben, welche Sie auch ohne therapeutische Hilfe nutzen können.

Zunächst werden die häufigsten Probleme der heutigen Zeit vorgestellt, die es vielen erwachsenen Menschen erschweren, ein glückliches, vollkommenes und zufriedenes Leben zu führen. Es ist wichtig, zu erkennen, wo es bei einem persönlich hakt, bevor man überhaupt eingreifen und etwas verändern kann. Sie sollten während des Lesens in sich gehen und versuchen, sich selbst gegenüber aufrichtig zu sein und zu erkennen, wenn das Beschriebene wahrlich ein Problem in Ihrem derzeitigen Lebensabschnitt darstellt.

STRESS

Stress ist wohl die Mutter allen Übels. Durch übermäßigen Stress kippen Sie in Krisen, haben Sie keine Lebensfreude mehr, verlieren Sie die Lust an Hobbys und Treffen mit Freunden. Wenn Sie den Weg aus stressigen Situationen nicht mehr finden und sich Ihre Gedanken nur noch um das nächste stressige Thema drehen, werden Sie mental krank und Sie können keine Stärke mehr erlangen, weil sich alles nur noch auf das Negative konzentriert. Oft folgen auf übermäßigen Stress Angst- und/oder Depressionserkrankungen. Kennen Sie schon das Beispiel mit dem ausgestreckten Arm? Wenn Sie mit ausgestrecktem Arm ein volles Bierglas halten, so werden Sie diese Anstrengung nicht lange durchhalten, bis Sie kapitulieren. Nehmen wir an, das Glas ist leer: Sicher könnten Sie es länger ausgestreckt halten, und trotzdem würden Sie es irgendwann nicht mehr aushalten. Auch, wenn Sie den Arm ganz ohne Glas ausgestreckt halten, werden Sie es irgendwann nicht mehr schaffen. Klar, Sie würden länger durchhalten. Aber irgendwann gehen auch hier jegliche Kräfte zuneige.

Genauso verhält es sich auch mit dem Stress: Es ist nicht relevant, ob das Stresslevel hoch oder niedrig ist.

Wenn Sie permanent Stress ausgesetzt sind, wird es Sie früher oder später krank machen.

WORK-LIFE-BALANCE

Etwas, das unsere mentale Gesundheit massiv aus dem Gleichgewicht bringen kann, ist eine gestörte Work-Life-Balance. Sicher haben Sie es schon öfter irgendwo aufgeschnappt, aber nicht wirklich verinnerlicht oder nach einigen Sekunden auch schon wieder vergessen, obwohl es so wichtig ist für ein glückliches Leben: Die Arbeit sollte niemals die Überhand in Ihrem Leben nehmen.

Wir leben in einer Zeit, in der Reichtum eine immer wichtigere Rolle spielt und man viel mit Besitz kompensieren kann. Und selbst, wenn Sie gar nicht das Bedürfnis haben, etwas zu kompensieren, ist es bestimmt trotzdem wichtig für Sie, genug Geld zu besitzen, um sich Dinge leisten zu können, die über die Grundbedürfnisse wie Lebensmittel, eine Wohnung und ein Bett hinausgehen. Sie wollen in den Urlaub fliegen, Sie wollen in Restaurants essen gehen, Sie wollen ein schönes Auto besitzen, vielleicht auch Ihrem Kind einiges ermöglichen – und dafür muss man schließlich arbeiten. „Von nichts kommt nichts" ist ein beliebter Spruch, der sich in unsere Köpfe eingebrannt hat. Was wir dabei jedoch oft übersehen: Arbeit kann krank machen. Die Burn-out-Diagnosen nehmen immer weiter zu und haben sich laut einer Statistik der AOK im letzten Jahrzehnt verdreifacht.

Eine Frage, die Sie sich selbst stellen könnten, wäre vielleicht, ob Sie derzeit leben, um zu arbeiten oder arbeiten, um zu leben. Wenn Sie merken, dass eher die erste Antwort zutrifft, so wäre das eventuell der erste Schritt Richtung Problemlösung. Mit Arbeit kann jedoch jede Tätigkeit gemeint sein, nicht nur eine Anstellung oder Selbstständigkeit, in der es um das Erlangen von Geld geht. Auch ein zeitraubendes Studium oder die Tätigkeit der Hausfrau, die sich täglich um alles Anfallende rund um die Wohnung und die Kinder kümmert und dabei selten zur Ruhe kommt, kann als Arbeit gewertet werden.

So heißt es nicht umsonst „Work-Life-Balance", denn auch, wenn eine Tätigkeit, die uns fordert, wichtig ist für unser Wachsen und unser (Über-)Leben, sollte die restliche Zeit, in der Sie sich entspannen, etwas für sich tun, Hobbys nachgehen, faulenzen, sich anderweitig weiterbilden, reisen etc. niemals zu kurz kommen und immer in einer Balance bleiben. Ein Anzeichen dafür, dass diese Balance schon gestört ist, kann sein, dass sich Ihre Gedanken immer wieder um die Arbeit drehen.

Wenn Sie die Arbeit nie ganz vergessen können und immer wieder auch in Ihrer freien Zeit dahin abschweifen, so sollten Sie sich überlegen, etwas zu ändern. Auch Angst ist ein wichtiger Indikator dafür, dass etwas nicht mehr in Ordnung ist.

Wenn Sie zum Beispiel ständig daran denken müssen, dass Sie Ihr Studium nicht schaffen oder Ihren Kindern etwas passiert und Sie dadurch überfürsorglich werden. Angst ist normal, aber wenn sie die Überhand gewinnt, so kann dies ein deutliches Anzeichen dafür sein, dass Sie etwas ändern sollten.

PSYCHOSOMATISCHE PROBLEME

Waren Sie schon mal beim Arzt, weil Sie körperliche Beschwerden hatten, und er hat Sie nach langen Untersuchungen, vielleicht auch nach einer Blutabnahmen, einem CTG oder Ähnlichem irgendwann ratlos angesehen und Ihnen erklärt, dass Ihre Beschwerden psychosomatisch seien? Oder haben Sie vielleicht auch einfach die Erklärung zu hören bekommen, dass das wohl „nur der Stress sei"? Tatsächlich passiert diese Situation gar nicht so selten, wie man vielleicht anfangs vermuten könnte: So gibt es ganze Stationen in Kliniken, die sich mit psychosomatischen Beschwerden der Patienten beschäftigen und versuchen, diese durch diverse Therapien zu lindern oder zu heilen.

Denn übermäßiger Stress, aber auch Angsterkrankungen und Depressionen können sich bewiesenermaßen auf den Körper ausweiten. Symptome können zum Beispiel hoher Blutdruck, schmerzhafte Muskelverspannungen, Herzrasen, Migräne, jegliche Beschwerden mit der Verdauung, Panikattacken, Ohnmachtsanfälle und vieles mehr sein. Es ist von Menschen zu Menschen unterschiedlich, wie der Körper auf den mentalen Zustand reagiert.

Vielleicht sehen Sie jetzt, da Sie genauer drüber nachdenken, auch eine Verbindung zwischen Ihrem mentalen Zustand und körperlichen Beschwerden. Es ist gar nicht so unwahrscheinlich, dass dort ein Zusammenhang besteht, insbesondere, wenn Sie bereits beim Arzt waren und er keine anderweitigen Gründe feststellen konnte.

PERFEKTIONISMUS

Immer höher, immer weiter, immer schneller, immer besser – kommt Ihnen das bekannt vor? Vielleicht zucken Sie nun mit den Schultern und sagen „Nein".

Oft ist uns unser eigener Perfektionismus jedoch selbst nicht bewusst. Klar, es gibt die Menschen, die diese „Krankheit" offensichtlich in sich haben: Leistungssportler, Wissenschaftler, Workaholics.

Was viele nicht merken: In nahezu jedem von uns steckt ein kleiner Perfektionist. Wir vergleichen uns viel zu oft mit anderen und stellen dabei fest, dass wir vermeintlich nicht mithalten können. Oft wiegen wir dabei die Stärken der anderen höher ab als unsere und kommen zu dem vermeintlich wahren Entschluss, dass wir mal wieder die Verlierer sind. Wir verlieren den Blick für das, was wir bereits in unserem Leben erreicht haben, und sehen nur noch das, was wir nicht haben. Was wir noch erreichen müssen, um es endlich geschafft zu haben, um glücklich werden zu können.

Um Ihnen ein konkretes Beispiel zu nennen: Eine junge Frau, nennen wir sie Lina, wollte schon immer studieren. Doch hat sie ihr Abitur nicht geschafft und war danach jahrelang am Jobben, ohne zu wissen, was sie weiter tun soll. Der Traum des Studiums war so weit entfernt, da sie nicht einmal das Abitur, also die alleinige Voraussetzung für ein Studium, besaß, und sich somit fühlte, als würde er niemals in Erfüllung gehen.

Nach einigen Monaten beschloss sie, ihr Abitur nachzuholen. Sie klemmte sich also zwei Jahre dazwischen und erreichte letztendlich das, was sie wollte.

Und trotzdem war sie nicht zufrieden, denn ihr Notendurchschnitt war nicht gut genug, um ein für sie geeignetes Studium in ihrer Stadt zu beginnen. Obwohl sie also die erste Etappe für ihr Ziel erreicht hatte, fühlte sich Lina erneut nicht mehr gut genug, Sie hangelte sich noch ein weiteres Jahr verzweifelt von Nebenjob zu Nebenjob, bewarb sich in einer anderen Stadt, wurde angenommen.

Lina war glücklich, denn nun konnte sie endlich das studieren, was sie wollte. Aber das Glück hielt nicht lange an. Die ersten Klausuren folgten, sie lernte fleißig für jede einzelne, denn jetzt, wo sie endlich das machen konnte, was sie wollte, wollte sie es richtig machen.

Ihre erste Note lag im guten Zweierbereich, womit Lina vollkommen zufrieden war. Zwei Tage später wurde im Gruppenchat gefragt, was die anderen Studenten für Noten bekommen haben und so erfuhr sie, dass mehrere Leute Noten im Einser-Bereich hatten. Es gab zwar auch welche, die „nur" eine Drei oder schlechter hatten, aber das zählte in Linas Augen nicht mehr. Sie war enttäuscht von ihrer zwei, denn andere haben es schließlich besser geschafft. Sie fragte sich die nächsten Tage immer wieder, was sie hätte anders machen können, um auch eine Eins zu bekommen. Sie fühlte sich nicht mehr so gut wie am Anfang, ganz im Gegenteil, ihre Freude ließ nach und der Stolz über das begonnene Studium erlosch wie ein Feuer.

Vielleicht kommt Ihnen das bekannt vor oder Sie erinnern sich an ähnliche Momente aus Ihrem alltäglichen Leben, denn das Beispiel von Lina und ihrem Studium kann man auf viele Situationen aus dem Leben vieler Menschen anwenden. Wir neigen nämlich dazu, unsere Erfolge nicht anzuerkennen und nach mehr zu streben. Dabei verlieren wir den Blick dafür, was wir bereits erreicht haben. Stellen Sie sich einfach immer wieder mal folgende Frage: Von welcher Sache habe ich vor zwei, drei, vier Jahren ständig geträumt, die ich jetzt in meinem Leben habe, ohne sie genug wertzuschätzen?

SOCIAL MEDIA

Durch das Internet und letztendlich durch die sozialen Medien ist etwas entstanden, das sich vor einhundert Jahren sicher noch niemand vorgestellt hätte: Menschen können sich zu jeder Tages- und Nachtzeit mit anderen Menschen, seien es Familienmitglieder, Freunde, Bekannte und auch Fremde, verbinden, mit ihnen reden und sie durch Kameras sogar live sehen. Es werden täglich Millionen Bilder und Videos geteilt auf unterschiedlichen Plattformen; Plattformen, die tausende Menschen allein durch das Internet bereits reich und berühmt gemacht haben.

Doch da sind wir auch schon bei den Schattenseiten der sozialen Medien angelangt, Bezug nehmend auf den Perfektionismus und das Vergleichen. Denn durch Plattformen wie Instagram und Facebook wird uns das Vergleichen leider sehr leicht gemacht. Es fühlt sich fast so an, als käme man nicht mehr drum herum, wenn man sich in diesen Medien bewegt.

Leider ist es keine Außergewöhnlichkeit, dass wir Menschen uns zu sehr vergleichen und im Anschluss unsere eigenen Stärken, Erfolge und Talente nicht mehr wahrnehmen, da es immer jemanden geben wird, der es besser macht. Wir sehen uns nicht mehr als

Individuen, die ihre Erfolge nur an den vorherigen eigenen Versuchen messen sollten, sondern als riesige Masse, aus der nur ein Gewinner herausgehen kann, was absoluter Blödsinn ist.

Die sozialen Medien machen diese Vergleichsgesellschaft perfekt. Es gibt kein Hobby, kein Business, keine Lebensgeschichte, die sich nicht irgendwo im Netz von jemand anderem toppen lässt.

Vielleicht interessieren Sie sich für Sport, mögen Fitness und haben das Ziel, Muskeln aufzubauen und Fett abzubauen, Sie haben Spaß daran, ins Fitnessstudio zu gehen und sich gesund und proteinreich zu ernähren, um sich in Ihrem Körper wohlzufühlen und eine gewisse Form zu erhalten. Trotzdem genießen Sie es genauso sehr, auszugehen, zu schlemmen, mal ein paar Bier, einen Wein oder einen Gin Tonic zu trinken und sich an einem Sonntag quasi nur vom Bett zum Kühlschrank und zurückzubewegen.

Sie würden sich vermutlich nicht dafür verurteilen und es einfach so hinnehmen, dass Sie nun mal so sind, gäbe es da nicht Instagram, wo tausende Menschen Ihnen erzählen wollen, dass Disziplin das A und O sei und man sich immer unter Kontrolle haben sollte. Dass es vielleicht okay sei, an einem Tag in der Woche zum Mittag eine Pizza zu essen, aber nicht mehr.

Außerdem sehen Sie deren Accounts, in denen sie ihre makellosen Körper in Bikinis und knappen Klamotten präsentieren und schauen sich dann im Spiegel an, nur um festzustellen, dass Sie sehr wohl Speck und Cellulite haben und dass Ihre Muskelmasse bei Weitem nicht in dem Umfang vorhanden ist, wie von den anderen bei Instagram.

Anschließend müssen Sie einsehen, dass diese Menschen morgens einen Proteinshake trinken, mittags einen Caesar-Salat und abends Eier mit Kartoffeln essen, während Sie morgens das Nutella-Brot hatten und abends zwei Portionen Spaghetti Bolognese verschlangen. Mittags gab es zwar Thunfisch-Salat, der gesund und lecker war, aber dieses blenden Sie aus. Sie sehen sich bereits als Versager. Sie werden niemals so sportlich und gesund sein wie andere und so aussahen erst recht nicht. Wieder zählt nicht, was sie bereits geleistet haben, sondern nur, was die anderen besser machen als Sie selbst.

Dazu kommt, dass Social Media bei vielen Menschen „FOMO" auslöst. FOMO steht für „Fear of missing out" und beschreibt das Gefühl, das man bekommt, wenn man denkt, man würde irgendetwas in seinem Leben verpassen oder sein Leben nicht leben. Schließlich sehen Sie täglich, wenn Sie zum Beispiel

Instagram nutzen, andere Menschen Spaß haben, Dinge erleben, reisen, lachen, Erfolge erzielen und so weiter. Während Sie vielleicht gerade in der Bahn auf dem Weg zu Ihrer Arbeit sitzen, die Ihnen nicht ganz so viel Spaß macht, und Sie auch schon genau wissen: Am Wochenende wird nichts passieren, außer, dass Sie vor dem Fernseher hocken und ohne Ende Eis und Schokolade essen werden.

Der Eindruck wirkt außerdem so massiv auf unser Gehirn, da wir binnen weniger Minuten einen Einblick in die Highlights der Leben von mehreren Menschen sehen, die alle gekoppelt auf uns niederprasseln. Wären es nur ein oder zwei Menschen am Tag, wäre es für uns deutlich leichter zu händeln als diese Masse an Leuten.

Dadurch vergessen wir oft auch die Tatsache, dass nur die allerwenigsten die Schattenseiten ihres Lebens zeigen würden und sich immer im besten Licht präsentieren und nur Momente rausfiltern, die von Freude, Spaß und Erfolg gekennzeichnet sind. Viele zeigen feucht-fröhliche Partynächte mit Freunden, auf denen es wild hergeht, und sie „ihr Leben leben", jedoch werden Sie selten bis nie zu sehen bekommen, dass diese Personen sich vielleicht in derselben Nacht noch betrunken mit ihrem Partner streiten oder es ihnen am nächsten Tag durch den Alkohol so schlecht geht, dass sie den ganzen Tag nicht aus dem Bett kommen und sich wünschen, sie hätten nur halb so viel getrunken.

Sie erhalten also eine komplett verzerrte, nicht reale Realität von anderen Menschen in so einer Masse, dass Sie selbst das Gefühl bekommen, Ihr Leben sei ja so langweilig. Sie müssten eigentlich genau so viel Spaß haben wie die anderen auch und Sie würden definitiv Ihr Leben vergeuden. So hat nicht umsonst eine Studie, die unter britischen Teenagern durchgeführt wurde, ergeben, dass erhöhter Social-Media-Konsum das Depressionsrisiko um ein Vielfaches erhöht.

17 Anzeichen für zu viel Stress

1. VERGESSLICHKEIT

Mehrere Studien haben bewiesen, dass Stress die Gedächtnisleistung verschlechtert. Durch das Hormon Cortisol, das bei Stress im Gehirn ausgelöst wird, werden Synapsen im Kurzzeitgedächtnis angegriffen. Dadurch kann es passieren, dass Sie bei übermäßigem Stress anfangen, Dinge zu vergessen, die Sie eigentlich wussten, wie zum Beispiel Passwörter oder wann Ihre Freundin Geburtstag hat. Als Langzeitschaden kann Stress außerdem zu Demenz führen.

2. INNERE UNRUHE UND SCHLAFPROBLEME

Ein starkes Anzeichen für kontinuierlichen Stress ist innere Unruhe, die selbst zur Abendzeit nicht abklingt. Eventuell kommen auch Herzrasen und ein hoher Puls und Blutdruck dazu. Ebenso kann es sein, dass Sie Schlafprobleme entwickeln. Wenn Sie sonst jemand sind, der einen guten Schlaf hat, aber nun kaum mehr einschlafen können und immer wieder nachts aufwachen und anschließend nicht wieder einschlafen können, ist dies ein starkes Anzeichen dafür, dass Sie gerade unter akutem Stress leiden.

Hierfür ist es nicht ausschlaggebend, ob Sie andauernd an das Stress-Verursachende denken, es kann auch unterbewusst in Ihnen liegen und Ihnen schlaflose Nächte bereiten, ohne dass Sie sich selbst im Klaren sind, dass Sie diese eine Sache wirklich so sehr beschäftigt oder Sie sich bewusst darüber unentwegt Sorgen machen. Vieles verarbeitet unser Gehirn im Hintergrund.

3. LIBIDOVERLUST

Stress kann unsere Libido angreifen und uns die Lust am Sex nehmen. Wenn Sie merken, dass Sie Ihren Partner eigentlich nach wie vor attraktiv finden, jedoch trotzdem einfach keine Lust dazu entwickeln, mit ihm Geschlechtsverkehr zu haben, so kann das ein Anzeichen für übermäßigen Stress sein.

Falls Sie Single sind, könnte Ihnen aufgefallen sein, dass Ihnen die Lust zum Masturbieren fehlt, obwohl Sie sonst eher häufiger masturbieren. Die Libido kann mit zunehmendem Stress sinken oder ganz verschwinden. Dies stellt ein starkes Problem für Partnerschaften dar, denn Sex ist meist essenziell für die Harmonie zwischen zwei sich liebenden Menschen. Es kann passieren, dass durch den Verlust der Libido durch zu viel Stress bei Ihnen auch die Beziehung ins Wanken gerät, da sich Ihr Partner diese Intimität noch immer wünscht und nicht versteht, warum sie verwehrt wird.

Dadurch können Streitigkeiten bis hin zu Beziehungskrisen entstehen. Zum Beispiel könnte das Missverständnis im Raum stehen, Sie würden Ihren Partner nicht mehr attraktiv finden oder ihn gar nicht mehr lieben. Auch könnte Ihr Partner vermuten, Sie würden ihm fremdgehen und sich Ihre Befriedigung woanders holen. Ein großes Problem hierbei ist, dass sich zu dem eh schon nicht unerheblichem Stress noch die Beziehungsprobleme dazugesellen, wodurch Sie sich noch weniger entspannen können.

4. NÄGEL KNABBERN

Sind Sie normalerweise niemand, der an den Nägeln kaut oder die Haut drumherum abbeißt beziehungsweise reißt? Oder waren Sie schon mal jener Mensch, der dies getan hat, haben sich diese schlechte Gewohnheit jedoch abgewöhnt? Und jetzt merken Sie, dass Sie es wieder tun: Eigentlich sind Ihnen gepflegte Nägel und Finger wichtig, und trotzdem kauen Sie wieder dran, pulen an der Haut herum, bis Sie Blut sehen. Dies ist ein Indikator dafür, dass Sie sich stressbedingt nicht mehr hinreichend unter Kontrolle haben, um diese Gewohnheit nicht (wieder) aufzunehmen.

5. HAARAUSFALL UND SCHLECHTE HAUT

Dass Haarausfall ein Indikator für Stress ist, ist allseits bekannt. Auch die Haut kann darunter leiden, Sie bekommen Pickel und Mitesser. Selbst Falten können sich bei übermäßigem Stress schneller bilden, man altert schneller.

Menschen, die zu trockener Haut oder Neurodermitis neigen, bemerken nicht selten, dass sich die Symptome in stressigen Lebenslagen verschärfen. Die Haut juckt und Sie kratzen daran herum, vielleicht ist dies auch ein unterbewusster Beruhigungsprozess für Sie. Es entsteht oft ein Teufelskreis, da viele sich für Schuppen, trockene, rissige und rote Haut, Haarausfall und Pickel schämen und dadurch ein noch höherer Stresspegel erreicht wird.

Statt sich also herunterzufahren, beschäftigen Sie sich immer mehr mit sich und Ihren Symptomen, versuchen auf Krampf wieder entspannter zu werden und erreichen dadurch das genau Gegenteil. Eventuell verlassen Sie dadurch sogar seltener das Haus, fühlen sich weniger attraktiv, haben keine Dates mehr und treffen sich kaum mehr mit Freunden aus Angst vor Verurteilung oder negativen Blicken in der Öffentlichkeit. Es kann also ebenso zur Folge haben, dass Ihr Selbstbewusstsein sinkt und Sie sich weniger wertschätzen.

6. DROGENMISSBRAUCH

Waren Sie mal RaucherIn, haben aber irgendwann aufgehört, weil die negativen Seiten offensichtlich doch überwiegen? Oder haben Sie öfter mal einen über den Durst getrunken, sich mittlerweile aber dazu besonnen, einen verantwortungsbewussten Alkoholkonsum zu pflegen und Sie trinken eigentlich kaum mehr Alkohol und wenn, dann so, dass es nicht die Überhand gewinnt und Sie noch alles unter Kontrolle haben?

Oder hatten Sie eigentlich nie Probleme damit und merken jetzt, während einer stressigen Phase, dass Sie wieder zu der einen oder anderen Zigarette oder mehreren alkoholischen Getränken greifen?

Es ist ein natürlicher Prozess unseres Gehirns, Phasen, in denen wir nicht ganz so gut mit dem Leben klarkommen, zu kompensieren oder uns Dinge und Handlungen zu suchen, mit denen wir dem Problem entgegenwirken können, um uns wieder zu entspannen. Unser Körper braucht es, Kraft und Energie tanken zu können, dauerhaft unter Anspannung zu stehen, tut ihm alles andere als gut. Denken Sie an das

Beispiel mit dem ausgestreckten Arm. Nicht wenigen Menschen scheint die erste Lösung für das Problem daher das Greifen zu jeglicher Art von Drogen zu sein. Alkohol entspannt und enthemmt, man kann mal wieder einen schönen lustigen Abend erleben, ohne an die vielen Probleme zu denken, die selbstverständlich noch da sind.

Menschen, die von Nikotin abhängig sind, empfinden die Wirkung als angenehm entspannend, Stresslösend und eine „schöne Pause zwischendurch".

Auch illegale Substanzen wie Marihuana werden verwendet, um sich schnell einen Rausch zu verschaffen. Marihuana wirkt bei vielen Menschen beruhigend, angstlösend, schlaffördernd und verbessert außerdem die Laune und das Wohlbefinden.

Es ist also kein Wunder, dass viele Menschen zu Drogen greifen, um sich von den alltäglichen Problemen zu erholen. Warum dies keine Lösung ist und Sie sich anders einen Ausgleich verschaffen sollten, wird im Folgenden noch erläutert.

7. PROBLEME MIT DEM VERDAUUNGSSYSTEM

Merken Sie in letzter Zeit, dass Sie nach jedem Essen Bauchschmerzen haben, egal, was Sie gegessen haben? Haben Sie oft Blähungen, Magengrummeln und kommt sogar Durchfall hinzu? Vielleicht haben Sie bereits vermutet, dass Sie eine Unverträglichkeit haben, vielleicht Weizen, Laktose oder Ähnliches nicht mehr vertragen, und haben schon überlegt, sich an einen Arzt zu wenden? Oder ist dies schon geschehen, aber es ist nichts Auffälliges herausgekommen?

Es kann sein, dass sich Ihr erhöhtes Stresslevel auf Ihren Verdauungstrakt überträgt und genau das der Grund ist, warum Sie derzeit solche Probleme haben. Es ist nämlich so, dass Sie unter Stress Adrenalin ausschütten, welches den Körper naturgemäß auf eine Flucht oder einen Kampf vorbereiten soll. Während dieses Prozesses wird das Blut in Arme und Beine umgeleitet, statt in unseren Verdauungstrakt.

Die Speisen, die Sie also zu sich genommen haben, können nicht mehr richtig verdaut werden, denn zu diesem Zeitpunkt ist es aus Sicht des Körpers wichtiger, der Gefahr angemessen gegenüberzutreten, statt sich auf das Essen zu konzentrieren.

Es ist also gar nicht überraschend, dass Sie Verdauungsprobleme entwickeln, die sich auf den ersten Blick beim Arzt nicht nachweislich abklären lassen. Wenn Menschen über Jahre hinweg chronischen Stress haben, passiert es nicht selten, dass sie einen Reizdarm entwickeln. Dies ist häufig die Notbremse, die der Körper zieht, wenn es nicht mehr anders geht. Sie merken also bereits, wie wichtig es ist, sich schon vorher mit sich und seinen Emotionen auseinanderzusetzen, um Langzeitfolgen entgegenzuwirken.

8. ANFÄLLIGKEIT VON KRANKHEITEN

Sind Sie in letzter Zeit öfter erkältet, haben Mandelentzündungen oder erkranken an einer Grippe? Es ist nachgewiesen, dass Stress unser Immunsystem herunterfährt. Wenn das Stresssystem in unserem Körper überaktiv ist, hat dies zur Folge, dass die Zahl der Immunzellen im Blut sinkt und die natürlichen Killerzellen weniger aktiv sind. Diese Killerzellen sind unter anderem für die Gefahrenabwehr da, sie beseitigen Bakterien, Viren und Pilze im Blut. Wenn diese also nicht mehr so aktiv bleiben wie unter normalen Voraussetzungen, ist es ein natürlicher Prozess, dass Sie häufiger als sonst krank werden.

9. VERSTÄRKTE ANGSTGEFÜHLE

Empfinden Sie in letzter Zeit Angst, obwohl Sie sonst kein ängstlicher Mensch sind, oder Sie eigentlich wissen, dass diese Angst unangebracht ist, da sie unrealistisch ist? Vielleicht wissen Sie auch nicht, wovor Sie Angst haben, es überkommt Sie einfach so von Zeit zu Zeit und Sie können gefühlt nichts dagegen tun?

Starker Stress kann starke Angst auslösen. Oft ist nicht erkennbar, wovor der Mensch plötzlich so eine Angst hat, manchmal sind es auch undefinierte Ängste wie zum Beispiel die Angst vor der Zukunft, obwohl nichts Außergewöhnliches ansteht. Es kann ebenfalls passieren, dass Sie dadurch in eine Angst- oder Panikstörung rutschen oder bereits gerutscht sind. In diesem Fall sollten Sie psychologische Hilfe in Anspruch nehmen, vor allem, wenn Sie merken, dass Sie aus dem Kreislauf aus Furcht und Stress, der oft einen Teufelskreis darstellt, nicht mehr entfliehen können.

10. KONZENTRATIONSPROBLEME

Bemerken Sie in letzter Zeit, dass Sie sich auf viele Dinge und Handlungen nicht mehr konzentrieren können? Müssen Sie zum Beispiel auf der Arbeit Sätze zum fünften Mal lesen, bis Sie den Inhalt verstanden haben? Oder hören Sie Ihren Partner reden, aber kommen nicht mit dem hinterher, was er meint? Brauchen Sie für Aufgaben, für die Sie normalerweise vielleicht ein paar Minuten bräuchten, plötzlich das Doppelte oder Dreifache?

Ein großer Indikator für andauernden Stress sind Konzentrationsschwierigkeiten.

11. WUT- UND AGGRESSIONSPROBLEME

Erkennen Sie sich selbst nicht mehr wieder, haben Sie vielleicht Aggressionsprobleme entwickelt oder sind ständig wütend auf die kleinsten Ungereimtheiten? Vielleicht überkommt Sie manchmal diese Wut auch aus dem Nichts und Sie können wenig dagegen tun, Sie wissen nicht einmal, auf was oder wen Sie so wütend sind, und trotzdem fühlt es sich so an, als könnten Sie alles und jeden in dem Moment in Stücke reißen?

Chronischer Stress überfordert unseren Körper so sehr, dass er Emotionen entwickelt, die der Situation oft nicht angemessen sind. Außerdem wird es unserem Gehirn leichtgemacht, durch das bei Stress ausgeschüttete Hormon Adrenalin Wut zu empfinden. Wenn Sie zudem in einer ausweglosen Situation zu sein scheinen oder es Ihnen einfach seit Wochen, Monaten oder gar Jahren schon nicht mehr gut geht und Sie lange nicht mehr glücklich waren, so ist es nicht verwunderlich, dass Sie irgendwann wütend sind und die Schuld in Ihrer Umwelt suchen.

Leider können diese Gemütszustände dazu führen, dass Sie Probleme mit Ihrem Partner, Arbeitgeber oder Ihren Freunden bekommen, sich Leute von Ihnen abwenden oder Sie gekündigt werden. Dadurch wird Ihr Stresslevel erhöht und die Aggressionsprobleme verstärkt. Aus diesem Grund ist es besonders wichtig, dass Sie mit Ihren vertrauten Personen und vielleicht sogar Ihren Arbeitskollegen darüber reden, was Sie empfinden, und sich eventuell auch professionelle Hilfe suchen.

12. VERÄNDERUNG DES ZYKLUS'

Sind Sie weiblich und haben normalerweise einen Zyklus, nach dem man die Uhr stellen kann? Mittlerweile können Sie allerdings gar nicht mehr sagen, in welcher Zyklusphase Sie sich momentan befinden, da Ihr Zyklus komplett aus dem Gleichgewicht geraten ist? Es ist bewiesen, dass durch Stress die Regelblutung auf sich warten lässt und manchmal sogar ganz ausfallen kann. Frauen, die einen Kinderwunsch haben, werden oft mehrere Monate oder sogar Jahre nicht schwanger, da Sie sich so einen Druck diesbezüglich machen, sodass es einfach nicht funktioniert.

13. DEPRESSIVE VERSTIMMUNGEN

Verspüren Sie keine Lust mehr auf Aktivitäten, die Ihnen früher viel Spaß bereitet haben? Haben Sie das Gefühl, dass das Leben sinnlos ist, und bewegen Sie sich in Ihrer freien Zeit kaum mehr aus Ihrem Bett und Ihrer Wohnung heraus? Sind Sie normalerweise ein fröhlicher Mensch, der gern und viel lacht, was mittlerweile aber einfach nicht mehr der Fall ist? Fragen Sie vielleicht sogar schon Ihre Freunde, Familie und

Arbeitskollegen, was mit Ihnen los ist, und machen sie sich Sorgen um Sie? Depressive Verstimmungen bis hin zur Depression können eine Folge von übermäßigem Stress sein. Das Leben scheint nicht mehr lebenswert, Gefühle des Glücks und der Zufriedenheit sind mittlerweile in weite Ferne gerückt, vielleicht so weit, dass Sie sich kaum mehr daran erinnern können.

Es könnte hilfreich sein, sich klarzumachen, dass auch dies nur ein Gefühl ist, das wieder schwinden wird, da das Leben ein Auf und Ab ist. Falls Sie allerdings merken, dass Sie dauerhaft aus dem Loch nicht mehr herauskommen und es immer schlimmer statt besser wird, wäre es dringend erforderlich, sich professionelle Hilfe zu suchen und sich mit Therapie und eventuell Medikamenten wieder in ein glückliches, gesundes Leben zu begeben.

14. VERNACHLÄSSIGUNG SOZIALER KONTAKTE

Treffen Sie sich immer seltener mit Ihren Freunden oder Familienmitgliedern, weil die Zeit es einfach nicht mehr zulässt? Antworten Sie Ihnen vielleicht nur noch im Wochentakt auf Nachrichten und vergessen Sie vielleicht sogar Treffen oder gehen nicht hin, weil

Ihnen Dinge dazwischenkommen, die Ihnen wichtiger erscheinen? Oder haben Sie einfach keine Lust mehr auf Treffen, da Ihre freie Zeit so begrenzt ist, dass Sie das Gefühl haben, Sie müssen diese damit füllen, allein zu ruhen, um genug Kraft tanken zu können, damit Sie die nächste Herausforderung angehen können?

Selbst wenn Sie diesen Stress als positiv empfinden, da Sie sich eventuell auf wichtigere Dinge konzentrieren und gerade dabei sind, sich berufliche Träume zu erfüllen und sich selbst zu verwirklichen, nehmen Sie wahrscheinlich erst mal nur unterbewusst wahr, dass auch dieser Stress Sie Lebensqualität kostet. Vielleicht setzen Sie Ihre Prioritäten zurzeit anders und merken später, dass dies falsch war.

Soziale Kontakte sind wichtig, um unsere mentale Gesundheit aufrechtzuerhalten, sie geben uns Halt, Sicherheit, das Gefühl verstanden zu werden, und einen Ort, wohin man sich wenden kann, wenn es einem nicht gut geht. Außerdem werden Sie sich später sicherlich eher daran erinnern, dass Sie glückliche Momente mit Ihren Freunden hatten, als dass Sie so lange gearbeitet haben, dass Sie sich am Ende nur noch im Bett verkriechen und Serien ansehen konnten.

Falls Sie also merken, dass Sie Ihre Freunde und Familienmitglieder derzeit sehr weit nach hinten schieben, könnte dies ein Anzeichen dafür sein, dass Sie so viel Energie in andere Dinge stecken, dass Ihnen keine mehr für Ihre sozialen Kontakte bleibt. Eine Folge könnte sein, dass sich Ihre Freunde von Ihnen abwenden und Sie im schlimmsten Fall, wenn Sie Hilfe, Zustimmung oder deren emotionale Unterstützung benötigen, niemand mehr für Sie da sein wird. Dies könnte Sie unter Umständen in eine noch stärkere Krise stürzen.

15. GEWICHTSZUNAHME UND HEIßHUNGERATTACKEN

Haben Sie in letzter Zeit immer wieder starke Heißhungerattacken, insbesondere auf Lebensmittel mit vielen Kohlenhydraten? Bemerken Sie außerdem, dass Ihr Gewicht immer weiter steigt, Sie an Fett zunehmen?

Dies könnte ein Indikator für übermäßigen Stress sein. Durch das bei Stress ausgeschüttete Hormon Cortisol werden der Blutzuckerspiegel und der Ghrelin-Spiegel erhöht. Beides regt den Appetit an, weswegen Sie dazu tendieren, mehr zu essen als Sie verbrauchen. Wenn Sie normalerweise ein Mensch sind, der auf seine Ernährung achtet, so kann es passieren, dass Sie in einer starken stressigen Phase aus dem Gleichgewicht geraten, da kontinuierlicher Stress Sie so überfordert, dass Sie die Kontrolle über sich und Ihre Gelüste verlieren.

16. ÜBERMÄSSIGES SCHWITZEN

Durch die bei Stress ausgelösten Hormone Cortisol und Adrenalin sind Sie in dauerhafter Anspannung. Haben Sie in letzter Zeit bemerkt, dass Sie mehr schwitzen, öfter Ihre Kleidung, insbesondere Shirts, wechseln müssen und dass Sie schnell unangenehm anfangen zu riechen? Ein kontinuierlicher Stresspegel kann eine Ursache sein für übermäßiges Schwitzen.

17. MIGRÄNE / KOPFSCHMERZEN

Auch nicht abklingen wollende Kopfschmerzen oder gar Migräneanfälle können ein Anzeichen für ein hohes Stresslevel sein. Versuchen Sie, während dieser Zeit besonders viel zu trinken und genug an die frische Luft zu kommen.

Wie Sie mentale Stärke erlangen

Nachdem Sie sich nun im Klaren darüber sind, was die häufigsten Probleme sind, die unsere mentale Gesundheit aus dem Gleichgewicht bringen und wie Sie erkennen, dass Sie und Ihr Körper momentan einem hohen Stresslevel ausgesetzt sind, werden Sie nun erfahren, wie Sie Ihre mentale Gesundheit zurückerlangen und sich zudem mental stärken können.

Bevor Sie weiterlesen, sollte Ihnen bewusst sein, dass Körper und Geist immer eins sind: Wenn es Ihrer

Seele nicht gut geht, so wird es Ihrem Körper auch nicht gut gehen und andersherum. Dies ist ein Umstand, den viele Menschen vergessen, der jedoch sehr wichtig für den Heilungsprozess eines jeden einzelnen ist. Sie können erst glücklich sein, wenn Sie im Einklang mit sich und Ihrem Körper sind und wenn Sie Ihren Körper verstehen lernen, insbesondere, was er Ihnen für Zeichen gibt. Die meisten Antworten auf Ihre Fragen liegen bereits in Ihnen, bevor Sie diese überhaupt gestellt haben.

ANFANGEN, „RICHTIG" ZU DENKEN

Der Anfang allen Übels ist – ob Sie es glauben oder nicht – das falsche Denken.

Im Laufe Ihrer Entwicklung haben Sie sich Denkmuster angeeignet, die Sie so schnell nicht mehr herauskriegen. Sie haben sie so sehr verinnerlicht, dass Sie das Gefühl beschleicht, diese Denkmuster gehören nun zu Ihnen, sie sind ein Teil Ihres Wesens und Charakters geworden. Oft hört man von Menschen den Satz „So bin ich nun mal". Diese Menschen sind der Annahme, dass sie sich nicht mehr ändern können, dass sie so geboren sind und diese Fehler zu Ihnen gehören.

Meist sind sie sich nicht einmal bewusst, dass dies einfach nur Ausreden und Entschuldigungen für ihr falsches Verhalten sind und sie sich sehr wohl ändern können.

Wir alle können an uns selbst arbeiten. Der Schlüssel hierzu ist es, die eigenen Denkmuster umzupolen, denn wir sind, was wir denken. Und ebenso handeln wir nach dem, was wir denken. Auch denken wir erst und fühlen dann all diese Emotionen wie Wut, Trauer, Neid, Hass, aber auch Glück, Zufriedenheit und Lust.

Keineswegs ist es leicht, seine Denkmuster abzuändern, schließlich haben wir diese über Jahre verinnerlicht und uns antrainiert. Es ist trotzdem nicht unmöglich, verlangt jedoch Willen, Motivation und Ausdauer.

Zuallererst sollten Sie aufhören, Dinge andauernd auf sich zu beziehen und konstruktive Kritik persönlich zu nehmen. Besonders Menschen mit einem niedrigen Selbstwert tendieren dazu, alles, was vom Gegenüber geäußert wird und im Gehirn als nicht-positiv ankommt, als Abwertung anzusehen. Jedes Mal, wenn Sie merken, dass Sie sich wieder angegriffen fühlen, stellen Sie sich folgende Fragen: „Will diese Person mich wirklich angreifen oder will Sie mir nur helfen? Hat diese Bemerkung etwas mit mir zu tun? Wie ist mein Verhältnis zu dieser Person? Was würde ich denken, würde ich mitbekommen, dass diese Person das eben Gesagte zu jemand anderem sagt?" Dadurch können Sie sich klarmachen, dass Ihr erster Impuls, das Gesagte als Beleidigung zu sehen, nicht der Wahrheit entspricht.

Tendieren Sie dazu, Situationen zu katastrophisieren? Gehen Sie in sich und seien Sie ehrlich gegenüber sich selbst: Wie oft kommt es vor, dass Sie Ereignisse, die in der Zukunft liegen, schon im Voraus als etwas Negatives ansehen? Zum Beispiel, dass Ihr Chef Sie zum Gespräch bittet und Sie von Anfang an davon ausgehen, dass Sie nun entlassen werden. Oder Ihr Partner mit Ihnen reden will und Sie sich ab der ersten Sekunde denken: „Das war's. Jetzt ist Schluss."

Dies ist ein Denkmuster, das sich bei vielen Menschen eingeschlichen hat. Wir haben verlernt, uns auf das Positive zu konzentrieren. Es kann auch als Schutzmechanismus dienen, weil Sie sich selbst die Enttäuschung ersparen wollen. Wenn Sie diese Art von Gedanken an sich bemerken, versuchen Sie, sie umzupolen in eine positive, oder, wenn dies Ihnen noch schwerfällt, zumindest neutrale Richtung. Denken Sie „Ich bin gespannt, was er mir zu sagen hat", statt „Er wird mich jetzt kündigen", oder „Hoffentlich können wir das Problem, das er hat, gemeinsam klären", statt „Er wird jetzt definitiv Schluss machen." Wenn der negative Gedanke als Erstes in Ihren Sinn kommt, ohne dass Sie etwas dagegen tun können, so denken Sie einfach das Positive hinterher.

Ein häufig verbreitetes, weiteres Denkmuster ist das Übergeneralisieren. Unser Gehirn lernt aus Erfahrungen. Oft übersieht es im Nachhinein jedoch die positiven Erfahrungen und konzentriert sich letztendlich auf die eine Negative, die passiert ist. Dies führt dann häufig dazu, dass Menschen davon ausgehen, eine negative Erfahrung spreche für die Regel und nicht für die Ausnahme.

Ich gebe Ihnen ein Beispiel: Luisa nimmt abends, wenn sie unterwegs war und der Bus nicht mehr fährt, immer ein Taxi nach Hause, obwohl der Weg vom Bahnhof bis zu Ihrer Wohnungstür nicht mehr weit ist. Eines Abends beschließt sie, den Weg zu laufen. Alles ist in Ordnung und so läuft sie mittlerweile öfter abends den Weg nach Hause zu Fuß. Eines Abends wird sie von einem Mann angemacht und bedrängt. Luisa hat dieser Vorfall Angst gemacht und sie beschließt, nie wieder nach Hause zu laufen, da sie nun der Meinung ist, der Weg vom Bahnhof bis zu ihrer

Wohnungstür sei gefährlich und es würde immer wieder passieren, dass jemand sie dort bedrängt.

Es ist absolut in Ordnung, sich selbst zu schützen und darauf zu achten, dass man sicher nach Hause kommt. Trotzdem ist Luisas Annahme, dass sie täglich auf diesem Weg belästigt wird, weil es einmal passiert ist, falsch. Richtig wäre es für Luisa zu denken: Ich gehe lieber auf eine Nummer sicher und fahre wieder mit dem Taxi nach Hause, wenn es so spät ist, da ich mich so sicherer fühle. Trotzdem war ich an diesem Tag einfach zur falschen Zeit am falschen Ort und es ist nicht wahrscheinlich, dass mir das auf diesem Weg wieder passiert.

Ein ähnliches Denkmuster ist das Schwarz-Weiß-Denken. Hierbei gibt es keine Abstufungen und Grautöne, es gibt immer nur das eine oder das andere Extrem. Kennen Sie den Spruch „Ganz oder gar nicht"? Er kann problematisch werden, wenn Sie anfangen, nur noch so zu denken.

Sie sollten stolz auf sich sein, auch, wenn Sie an einem Tag nur die Hälfte von dem geschafft haben, was sie sich vorgenommen haben. Sie müssen nicht entweder 100 % am Tag geben oder sich gar nicht aus dem Bett bewegen. Es ist okay, wenn Sie, anstatt joggen zu gehen, wie Sie es sich eigentlich vorgenommen haben, nur einen kleinen Abendspaziergang durch den Park machen. Auch wird eine fettige Mahlzeit, der Sie nicht widerstehen konnten, nicht Ihre gesamte Diät kaputt machen. All das ist menschlich und Menschen machen Fehler. Auch sind Menschen keine Roboter, die 100 % Leistung am Tag erbringen können. Sie sollten also aufhören, auch das von sich zu erwarten und versuchen, die kleinen Erfolge und Leistungen zu sehen, die Sie schaffen. Es ist für eine komplett unsportliche Person nicht normal, beim Joggen 10 Kilometer in einer halben Stunde zu schaffen. Setzen Sie sich also nicht zu hohe Ziele, sondern welche, die realistisch sind.

Ein weiteres Problem, das mit dem Denken verknüpft ist, ist die emotionale Beweisführung. Hierbei bewerten Sie etwas als wahr, bloß weil Sie es fühlen. Es ist doch so: Nur, weil Sie vor etwas Angst haben, muss es nicht wahr sein. In den allermeisten Fällen haben wir Menschen Angst vor Situationen, die niemals eintreten werden.

Lassen Sie sich trotzdem oft von Ihren Emotionen leiten und, wenn Sie eine Angst beschleicht, so sind Sie sich sehr sicher, dass diese Angst berechtigt ist und es genauso eintreffen wird, wie Sie es sich in diesem Moment ausmahlen? Verlieren Sie in solchen Situationen die Realität nicht aus den Augen. Unsere Emotionen haben selten etwas mit den realen Ereignissen zu tun. Machen Sie sich bewusst, dass Sie nicht in die Zukunft schauen können und Ihre Gefühle versuchen, Ihnen einen Streich zu spielen.

Ein Denkfehler, den viele Menschen unbewusst verinnerlicht haben, ist das Etikettieren. Es ist eine übertriebene Form der Verallgemeinerung. Neigen Sie dazu, Menschen schnell in Schubladen zu stecken, die meist negativ sind? Denken Sie viel zu früh: „Die kann nichts", oder „Das ist ein Vollidiot", obwohl Sie die Person noch nicht richtig kennen? Dies entsteht meist aus Emotionen heraus, die Sie in dem Moment überladen, statt sich selbst darüber bewusst zu werden, dass jeder Mensch mal Fehler macht.

Eine Person wird vielleicht erst nach dem zweiten oder dritten Gespräch sympathisch, Sie setzen lieber einen Stempel auf jemanden und haben damit Ihre negativen Gefühle befriedigt. Falls dies tatsächlich auf Sie zutrifft, könnten Sie versuchen, beim nächsten Mal darauf zu achten, warum genau Sie diesen Menschen gerade negativ abwerten und was das mit Ihren Emotionen, die in dem Moment aufgekommen sind, macht. Oft fühlt es sich auch leichter an, sich selbst zu sagen, dass man jemanden nicht mag, um sich keine Mühe mehr geben zu müssen, dass die Person einen selbst mögen wird. Eventuell wollen Sie sich aber auch die Enttäuschung ersparen. Sie sollten versuchen, sich selbst darüber klarzuwerden, was der Grund für die schnelle Abwertung ist.

Vielleicht können Sie auch in der Handlung wiedererkennen, dass Sie oft versuchen, das Positive von sich abzuwenden? Sie sind so sehr in Ihrem negativen Denken verankert, dass Sie jegliche positive Eigenschaften, Situationen und Erfolge von sich kehren lassen. Passiert mal etwas Positives in Ihrem Leben, haben Sie vielleicht eine gute Note geschrieben oder wurden Sie befördert, so sagen Sie sich selbst, dass das nicht zählen würde. Im Umkehrschluss suhlen Sie sich dann in etwas Negativem, einem Misserfolg oder einer Eigenschaft, die Sie als Schwäche zählen, und sehen nur noch das, konzentrieren sich nur darauf, sodass Ihr gesamtes Wirklichkeitsbild getrübt ist, wie ein Tropfen Lebensmittelfarbe ein ganzes Glas Wasser einfärbt.

Der erste Schritt zur Besserung ist es, dieses Muster zu erkennen und zu durchbrechen. Erwischen Sie sich wieder dabei, sich nur auf das Negative zu konzentrieren, so steuern Sie gegen und führen Sie sich vor Ihr geistiges Auge, was alles gut an Ihnen ist, was Sie alles schon erreicht haben und weswegen Sie stolz auf sich sein können. Ziehen Sie in solchen Augenblicken auch Ihre Familie und Freunde zurate und fragen Sie sie, was sie alles an Ihnen schätzen.

Daraus machen Sie sich eine Liste und kleben sie an den Kühlschrank oder an einen anderen Ort, den Sie oft sehen, damit Sie sich diese Eigenschaften immer wieder verinnerlichen können. Wenn Sie etwas erfolgreich geschafft haben und sich das Gefühl von Stolz in Ihnen nicht einstellt, so rufen Sie es selbst hervor, indem Sie sich bewusst machen, dass Sie etwas Großartiges geschafft haben.

ANFANGEN, FÜR SICH ZU SORGEN

Eine der wichtigsten Komponenten, um mentale Stärke zu erlangen und dauerhaft mental gesund zu bleiben, ist es, zu lernen, wie Sie selbst für sich sorgen können. Sie sollten sich im Klaren darüber sein, dass nur Sie allein etwas an Ihrem Lebensstil und Ihrem Wohlbefinden ändern können und dass niemand anderes diesen Schritt für Sie gehen wird.

Häufig kommen Ausreden zustande wie „Ich kann nicht joggen gehen, ich habe doch gar keinen Laufpartner und meine Freundin sagt immer ab", oder „Ich kann nicht aufhören, Alkohol zu trinken, es gehört für meine Jungs und mich nun mal dazu, beim Fußballspiel Bier zu trinken." Es muss Ihnen bewusst werden, dass Sie allein die Fäden in der Hand haben und niemand anderes dafür verantwortlich ist, wenn Sie sich zu bequem dafür sind, sich um sich selbst zu kümmern.

Versuchen Sie, es aus dieser Sicht zu betrachten: Freunde kommen und gehen. Jeder Mensch, der irgendwann in Ihr Leben tritt oder bereits getreten ist, wird irgendwann wieder aus Ihrem Leben weichen. Nur Sie allein sind seit der Geburt bis zu Ihrem letzten Atemzug mit sich selbst vereint, nur Sie allein werden jede Sekunde Ihres Lebens mit sich selbst verbringen. Sie sollten also für sich sorgen und darauf achten, dass Sie alles Mögliche dafür tun, dass Sie sich im Einklang mit sich selbst befinden.

Dazu gehört es, einige Dinge für den Alltag zu beachten. Fangen Sie gleich heute damit an. Ernähren Sie sich normalerweise fettig und unausgewogen? Achten Sie darauf, gesund zu essen. Um sich gesund und fit zu fühlen, sollten Sie drei ausgewogene Mahlzeiten am Tag essen. Außerdem sollten Sie am Tag immer genug Wasser trinken (mindestens 2 Liter).

Bewegen Sie sich zudem tagsüber ausreichend. Wenn Sie abends merken, dass Sie den ganzen Tag nur am Schreibtisch saßen, so gehen Sie noch eine Runde spazieren an der frischen Luft. 20 Minuten reichen absolut. Neigen Sie außerdem dazu, auch kürzere Wege mit dem Auto zu fahren? Verzichten Sie ab heute so oft es geht auf das Auto. Nehmen Sie stattdessen das Rad oder gehen Sie bei Wegen wie zum Beispiel zum Bäcker oder zum Arzt zu Fuß. Falls Sie dazu tendieren, Ihren Körper zu überanstrengen, so achten Sie darauf, dass Sie ihm genug Erholung geben und Sie eine Aktivitätsdauer von 15 Stunden in der Woche nicht überschreiten.

Schlaf ist ebenfalls sehr wichtig für den Körper: Während Sie schlafen, holt er sich die Ruhe und Erholung, die er braucht, und verarbeitet gleichzeitig alles, was er mit seinen Sinnen wahrnimmt. Versuchen Sie ab heute, immer zur selben Zeit ins Bett zu gehen und machen Sie sich eine Uhrzeit aus, an der Sie spätestens morgens aufstehen wollen, wenn Sie keine Termine haben.

Sie sollten einen regelmäßigen Schlafrhythmus mit einer Hauptschlafphase entwickeln und bestmöglich nicht kürzer als 6 und nicht länger als 10 Stunden schlafen. Machen Sie sich allerdings keine Vorwürfe, falls dies nicht immer funktioniert. Für den Fall, dass Sie Schlafprobleme haben, so legen Sie sich tagsüber nicht ins Bett und verlagern Sie alle Aktivitäten wie zum Beispiel essen oder Erledigungen am Laptop auf andere Orte. Entwickeln Sie außerdem eine Routine, die Sie vor dem Zubettgehen betreiben, machen Sie zum Beispiel immer vorher das Fenster auf, hören sich beruhigende Musik oder Regengeräusche an, lesen Sie vorher ein paar Seiten eines Buches und so weiter. Dadurch weiß der Körper schon, was nun passieren wird, und kann routinemäßig herunterfahren.

Vermeiden Sie außerdem ab heute Alkohol und andere Drogen. Falls Ihnen dies nicht leichtfällt, setzen Sie sich diesbezüglich Ziele. Es ist wichtig, diese Ziele mit der Motivation, die für Sie dahintersteckt, aufzuschreiben und sich den Zettel irgendwo hinzuhängen, wo Sie ihn öfter zu sehen bekommen. So verinnerlichen Sie sich Ihr Vorhaben und haben es immer wieder im Blick.

Ihr Ziel könnte es zum Beispiel sein, bis zum Ende des Jahres keinen Alkohol mehr zu trinken. Es ist auch in Ordnung, wenn Sie sagen, dass Sie Ihren Konsum minimieren wollen. Wichtig ist, dass Sie gemerkt haben, dass Ihr Konsum überhandgenommen hat und Sie etwas daran ändern wollen. Mental starke Menschen können Ihre Fehler erkennen, gleichzeitig wissen sie aber auch, was für sie machbar ist und was nicht. Sie unter- und überschätzen sich nicht. Setzen sich mental starke Menschen ein realistisches Ziel und erreichen dies, so wird ihre mentale Stärke gefestigt.

Sorgen Sie außerdem für einen Ausgleich zwischen Wert-orientieren Aktivitäten, Pflichten und Erholungspausen. Hierbei sollten Sie ganz nach Gefühl entscheiden, wie viel Zeit Sie wofür benötigen, da jeder Mensch individuell ist und manche mehr Erholungsphasen benötigen als andere. Wichtig ist nur, dass sie alle drei Komponenten in Ihr Leben einbauen. Warten Sie nicht, bis Ihr Körper nach Erholung schreit und krank wird. Geben Sie ihm jedoch gleichzeitig auch neue Herausforderungen und vernachlässigen Sie neben alltäglichen Pflichten nicht Ihre Hobbys und sozialen Kontakte.

Erwischen Sie sich außerdem oft dabei, wie Sie auf sozialen Medien unterwegs sind? Wie bereits angesprochen, ist dies ein großes, neues Problem unserer Gesellschaft geworden. Social Media hat sich regelrecht zur Sucht entwickelt. Versuchen Sie ab heute, Ihre Zeit in sozialen Netzwerken zu regulieren. Apps wie Instagram zeigen mittlerweile an, wie lange Sie am Tag diese App genutzt haben. Auch die meisten Handys zeigen an, wie lang Ihre Bildschirmzeit am Tag ist. Verringern Sie ab heute bewusst diese Zeit. Sagen Sie sich zum Beispiel: „Ich werde nur noch eine Stunde am Tag auf Instagram unterwegs sein." Und ziehen Sie dieses Vorhaben dann auch durch. Social Media hat sicherlich viele positive Seiten wie das Vernetzen von Menschen auf der ganzen Welt und die Anerkennung anderer für die eigenen Bilder und Videos, trotzdem kann genau das zur Sucht werden. Viele Menschen leben mittlerweile mehr in der Welt der sozialen Medien als in der realen. Mental starke Menschen lassen sich davon nicht in den Bann ziehen und wissen, dass sie Instagram und Co. genau wie alles andere in ihrem Leben nur in Maßen genießen sollten.

Für sich zu sorgen, bedeutet zu guter Letzt auch die Gesundheitsfürsorge: Achten Sie auf Ihren Körper. Gehen Sie zum Arzt, wenn Sie krank sind, nehmen Sie Medikamente, die Sie benötigen, gönnen Sie sich genug Erholung und Ruhe, bis Sie wieder gesund sind. Streichen Sie Gedanken wie „Ich kann nicht so lange krank sein, mein Arbeitgeber verlässt sich auf mich" aus Ihrem Kopf und machen Sie sich klar, dass Ihnen niemand danken wird, wenn Sie sich krank zur Arbeit schleppen. Und selbst wenn Ihnen jemand dankt, so sollten Sie selbst immer an oberster Stelle stehen. Gehen Sie außerdem sicher, dass Sie notwendige Routineuntersuchungen, wie zum Beispiel beim Zahn- oder

Frauenarzt, einhalten. Falls Sie trotzdem merken, dass Sie mental an einem Tiefpunkt angelangt sind, so suchen Sie sich professionelle Hilfe. Auch das gehört zur Gesundheitsfürsorge dazu. Es ist keine Schande, sich einem Therapeuten anzuvertrauen, im Gegenteil, Sie gehen damit einen Schritt in die richtige Richtung, nämlich in die, in der Sie endlich mental gesund werden können.

Überlegen Sie sich vorher, ob Sie verhaltenstherapeutisch, tiefenpsychologisch oder anhand einer Psychoanalyse behandelt werden wollen. Während die Verhaltenstherapie versucht im Hier und Jetzt anzuknüpfen und etwas an Ihrem Verhalten in problematischen Situationen zu ändern, so klärt das tiefenpsychologische Verfahren den Ursprung Ihrer Probleme und reist in die Vergangenheit, um Probleme aus Ihrem Unterbewusstsein zu erkennen, die oft etwas mit Ihrer Kindheit und Jugend zu tun haben.

Die Psychoanalyse findet mehrmals wöchentlich statt und soll Ihre Gefühls- und Gedankenwelt umstrukturieren, indem sie tief in Ihr Inneres blickt. Sie können auch Probestunden bei den drei Therapieformen buchen und dann entscheiden, welche Ihnen mehr zusagt. Hierbei ist auch wichtig, auf Ihr Gefühl zu hören und zu gucken, welcher Therapeut oder

Therapeutin Ihnen auf menschlicher Ebene mehr zusagt.

Alles, was zuvor aufgezählt wurde, ist wichtig, um emotionale Labilität zu verhindern oder zu mindern. Wenn Sie unausgeschlafen, hungrig oder nach einem Abend mit viel Alkohol verkatert aufwachen, so sind Sie in Zuständen, die es schwer für Sie machen, negative Emotionen wie Angst und Wut abzuwenden und gegen sie anzukämpfen. Sie müssen sich bewusst machen, was für einen Lebensstil Sie wirklich führen möchten.

ANFANGEN, EMOTIONEN ZU AKZEPTIEREN UND ZU REGULIEREN

Auch mental starke Menschen haben Emotionen, die sie manchmal gefühlt umhauen. Diese Emotionen sind menschlich und wir alle werden mal mehr mal weniger von ihnen überrumpelt. Mental starke Menschen schaffen es allerdings, diese zu regulieren und wissen genau, wie sie mit ihnen umzugehen haben.

Wichtig ist, negative oder unangenehme Gefühle nicht zu umgehen, sie zu vermeiden oder sie mithilfe von Substanzen wie Alkohol oder andere Drogen,

Medikamenten, exzessivem Sport und anderen Extremen wegzudrücken. Sie sollten sich jeder Ihrer Emotionen bewusst sein und immer versuchen zu verstehen, woher ein Gefühl gerade kommt. Seine Gefühle nicht wahrzunehmen und sie einfach zu ignorieren, macht auf Dauer sowohl psychisch als auch physisch krank.

Es ist also ein erster Schritt, überhaupt zu wissen, was Sie fühlen und was der Grund dafür ist. Weiterhin können Sie erlernen, Ihre Gefühle in eine bestimmte Richtung zu lenken, damit sie Sie nicht vollständig ausknocken. Ihr Ziel sollte es sein, der Herr über Ihre Emotionen zu sein, nicht andersherum. Sie sind selbst verantwortlich dafür, wie Sie Ihre Entscheidungen treffen und wie Sie handeln, auch wenn in Ihnen gerade ein Tornado tobt.

Um Ihre Gefühle zu verstehen, müssen Sie zunächst anfangen, sich selbst besser kennenzulernen: Ihr Körper gibt Ihnen individuelle Anzeichen, wie er sich gerade fühlt, zum Beispiel durch schwitzige Hände, Verspannungen, hohen Puls, Schwindel, ein sich erhitzendes Gesicht, in schlimmen Fällen Ohnmachtsanfällen und so weiter. Der Körper ist mit dem Geist immer im Einklang. Achten Sie also genau darauf, welche Symptome Sie verspüren und wie stark diese sind.

Emotionsregulation funktioniert außerdem im Äußeren und im Inneren – Sie können sich erst mal darauf konzentrieren, sich vor anderen nichts anmerken zu lassen oder nicht ausfallend zu werden, falls Ihnen etwas missfällt; schwieriger, aber dennoch machbar, wird es, sich auch innerlich so zu regulieren, dass Sie sich im besten Fall aus dem Negativen befreien können.

Nehmen wir an, ein Arbeitskollege lässt andauernd vor mehreren Personen gemeine Kommentare über Sie ab, bis Ihnen irgendwann die Hutschnur platzt. Sie würden ihn am liebsten noch in dem Moment zur Sau machen und ihn mit allen bösen Gedanken, die sich in Ihrem Kopf befinden, konfrontieren. In diesem Moment hilft es, erst alle vom Körper gesendeten Signale zu deuten, um zu verstehen, dass Sie gerade eine wahnsinnige Wut antreibt, einen Fehler zu begehen.

Anschließend sollten Sie versuchen, Ihre Aufmerksamkeit auf etwas anderes zu richten. Diese Methode nennt sich Aufmerksamkeitssteuerung. Sie könnten versuchen, darüber nachzudenken, warum Sie den Kollegen trotz allem mögen, oder was seine Motivation dahinter ist, Sie so niederzumachen. Außerdem könnten Sie versuchen, sich anderweitig abzulenken, zum Beispiel dadurch, die Fliesen auf dem Boden zu zählen oder zusammenzurechnen, wie viele Nasen und Augen sich momentan in dem Raum befinden.

Auch ist es eine Möglichkeit, sich auf etwas Positives zu konzentrieren: Erzählen Sie sich mehrmals im Kopf etwas Schönes, wiederholen Sie es immer und immer wieder. Zum Beispiel, dass Ihr Mann Sie liebt und zu Hause auf Sie wartet. Oder führen Sie sich Ihren nächsten Urlaub vor Augen, stellen Sie sich ihn bildlich vor, wie Sie einen der schönsten Momente dort genießen, saugen Sie diesen Moment schon im Voraus ein. So wenden Sie die negativen Emotionen langsam, aber sicher wieder von sich ab, wie ein Blitzableiter. Anschließend können Sie rational darüber nachdenken, was als Nächstes zu tun wäre: Statt den Kollegen zu beschimpfen, wäre es wohl schlauer, ihn in einem ruhigen Moment, in dem Sie beide allein sind, zur Rede zu stellen. Oder es wäre bereits angebracht, sich an den Chef zu wenden.

Wut, Angst, Hass und andere starke Emotionen setzen unser rationales Denken auf Pause. Eine weitere Methode, um Ihre belastenden Gedanken zu stoppen, ist es, sich innerlich immer wieder „Stopp" zu sagen. Auf diese Weise setzen Sie sich selbst einen Riegel vor.

Um sich auch innerlich regulieren zu können,

sollten Sie außerdem anfangen, Ihre negativen Gefühle, die Sie in dem Moment so sehr zu überrollen scheinen, zu akzeptieren. Wichtig ist zu verstehen, dass Sie nicht gegen Ihre Gefühle arbeiten, sondern mit ihnen. Es ist in Ordnung, Wut, Hass, Trauer, Enttäuschung und Angst zu empfinden. Es ist jedoch auch ein Fakt, dass jedes Gefühl genauso wieder verschwinden wird, wie es gekommen ist. Machen Sie sich das in der jeweiligen Situation bewusst. Auch ist es berechtigt, dass Sie sich so fühlen, wie Sie es in dem Moment nun mal tun. Fangen Sie ab heute an, sich die folgenden Sätze mitzuteilen, wenn Sie wieder merken, dass Sie beispielsweise Wut überrollt: „Ich empfinde gerade Wut und es ist okay, dass ich das empfinde. Ich habe jeden Grund, so zu empfinden. Es wird auch wieder vergehen."

Besonders hervorzuheben sind bei der Emotionsregulierung die Atemübungen. Nehmen wir an, Sie leiden seit einiger Zeit an Angstattacken. Atemübungen können Ihnen helfen, Sie in diesen schwierigen Situationen wieder herunterzubringen. Wenn wir gestresst, angespannt, wutentbrannt oder angsterfüllt sind, lassen wir oft ganz automatisch die Atmung aus den Augen. Dabei tendieren wir dazu, zu viel Luft einzuatmen und zu wenig wieder auszuatmen. Außerdem atmen wir so hektisch, dass die Luft nicht die gesamten Lungenflügel ausfüllt, sondern nur den oberen Teil. Dadurch wird Ihr Oberkörper stärker belastet, die Schultern können sich nicht entspannen, das Herz pumpt schneller als sonst und die Panik sowie der Stress werden verstärkt. Es ist also wichtig, sich Atemübungen anzugewöhnen, die Sie in schwierigen Situationen anwenden können.

Probieren Sie zum Beispiel in einem Moment, in dem Sie wieder mit Ihrer Angst und Panik zu tun haben, folgende Übung aus:

Atmen Sie ruhig und tief durch die Nase ein und zählen Sie dabei langsam bis vier. Halten Sie dann die Luft an, spüren Sie sie in Ihrem Bauchraum, genau, wo sie hingehört, und dann zählen Sie langsam wieder bis 4. Anschließend atmen Sie die Luft ruhig wieder aus dem gespitzten Mund aus, bis Sie das Gefühl haben, dass jedes bisschen Luft aus Ihren Lungen entwichen ist. Wiederholen Sie diesen Vorgang 5 bis 10 Minuten, oder zumindest so lange, bis Sie sich sicher sind, dass Sie sich wieder einigermaßen beruhigt haben.

Was auch hilft: Einfach mal lächeln oder lachen, auch wenn Ihnen gar nicht danach zumute ist! Der Körper nimmt zum Beispiel ein Lächeln von Ihnen positiv auf und denkt automatisch, dass Sie gerade glücklich sind. Dadurch werden Glückshormone in Ihnen ausgelöst. Aus diesem Grund sollten Sie auch versuchen, eine aufrechte Haltung anzunehmen, das wiederum gibt Ihnen das Gefühl, Sie seien selbstbewusst und selbstsicher.

Haben Sie schon mal etwas von positiven Affirmationen gehört? Manche nennen es vielleicht auch „das Gesetz der Anziehung", oder „Du kriegst, was du anziehst". Oft wird das Gleiche gemeint und viele mental starke Menschen führen täglich diese Handlung durch, um sich selbst zu motivieren und glücklich in den Tag zu starten. Positive Affirmationen sind Beteuerungen gegenüber sich selbst. Sie könnten sich zum Beispiel jeden Morgen selbst erzählen, dass Sie sich lieben, Sie ein toller Mensch sind und Sie einen erfolgreichen Tag haben werden. Diese selbst bejahenden Sätze werden Sie aufbauen, Sie werden sich motivierter fühlen und das Gefühl haben, Sie können mehr erreichen, als wenn Sie morgens aufstehen und nur am Nörgeln sind über den bevorstehenden, langen harten Tag.

Wenden Sie die Ihnen hier aufgeführten Tipps so oft an, wie es Ihnen in einer emotionalen Situation nur möglich ist, und Sie werden merken, wie sich Ihr Geist verändert und Sie immer gelassener, ruhiger und glücklicher werden.

Herstellung und Verlag:

BoD – Books on Demand, Norderstedt

ISBN: 9783754322833

© Sonja Nassauer 2021

1. Auflage

Kontakt: Psiana eCom UG/ Berumer Str. 44/ 26844 Jemgum

Covergestaltung: Fenna Larsson

Coverfoto: depositphotos.com

FSC
www.fsc.org

MIX

Papier aus ver-
antwortungsvollen
Quellen
Paper from
responsible sources

FSC® C105338